創意小畫家系列

廣 告 顏 料

M. Àngels Comella　著

三民書局編輯部　譯

三民書局

© 廣告顏料

著 作 人	M. Àngels Comella
譯 者	三民書局編輯部
發 行 人	劉振強
著作財產權人	三民書局股份有限公司
發 行 所	三民書局股份有限公司
	地址 臺北市復興北路386號
	電話 (02)25006600
	郵撥帳號 0009998–5
門 市 部	(復北店)臺北市復興北路386號
	(重南店)臺北市重慶南路一段61號
出版日期	二版一刷 2018年2月
編 號	S 940720

行政院新聞局登記證局版臺業字第○二○○號

有著作權·不准侵害

ISBN 978-957-14-6451-0 （平裝）

http://www.sanmin.com.tw 三民網路書店

Original Spanish title: Témperas
Original Edition © PARRAMON EDICIONES, S.A. Barcelona, España
World rights reserved
© Copyright of this edition: SAN MIN BOOK CO., LTD. Taipei, Taiwan

廣告顏料是一種可以溶解於水中的畫畫顏料，它能夠迅速而且完全不透明的覆蓋我們的畫布表面。廣告顏料還有另外一個特點，那就是，它能輕而易舉的被我們清除掉喔！

由於廣告顏料具備上面所說的這些特點，所以它便成為最通用的畫畫工具之一。除此以外，在無數的技術應用以及其它藝術造型的創作方面，廣告顏料也同樣的被廣泛運用喲！

我們如果把廣告顏料的各種色彩互相混合，便可以得到無限多種的色調，甚至可以創造出各種新的色彩呢！它那濃稠細密的顏料，可以讓我們隨心所欲的調配。我們更可以把它和其它各種的工具，例如：畫筆、滾筒、海綿，或是自己的雙手結合起來，運用在紙、紙板、透明壓克力板、鋁箔紙、木頭等等的各種畫材上。

不管是小到非常細的線條，甚至是最精密細巧的圖案，或者是大到非常巨幅的版面，有了廣告顏料，我們便可以非常快速、簡捷，而且有效率的完成我們的畫了。

簡單又多彩，
使用廣告顏料來畫畫，
是一個好選擇喲！

利用廣告顏料可以創造出各種不同的效果喲！ ● ● ● ● ● ● ● ● ● ● ● ●

可以和廣告顏料一起使用的工具有：

● 一種特別的鴨嘴筆。

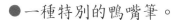

● 細的畫筆。

● 滾筒。

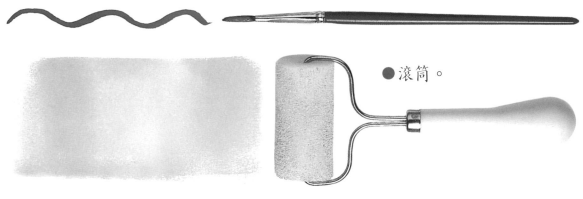

● 粗的畫筆。

或是刮刀。

你也可以： ●●

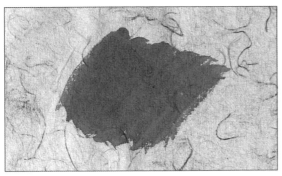

●隨興的把它塗在某一個
　表面上。

●或是用
　另外一個
　顏色，來覆蓋
　住先前的顏色。

●也可以用混合顏色的方法。

不同濃度的顏料會產生不同的色調喔！　●●●●●●●●●●●●●●●●●●●●●●●●●●●

● 如果我們在顏料裡加了很多水，
　顏色看起來便會像這樣非常的淡喲！

　　這是調
●　得比較
　　濃的顏料。

●或者我們只在顏料中加進一點點的水。

我們可以利用不同的工具，創造出各式各樣的圖案和紋路喔！

我們可以用牙刷來刷顏料。

或者用拇指來回撥動沾了顏料的牙刷毛，把顏料噴灑在紙上。

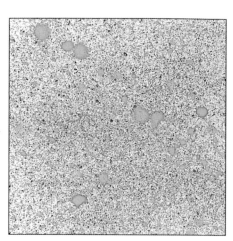

海綿也可以產生一些有趣的紋路喲！

我們可以用滾筒來造成平滑的表面。

用蘆葦的末端，可以創造出不規則的紋路。

我們可以利用廣告顏料印出圖案來。

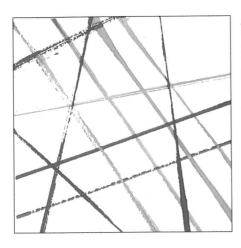

試試看用尺的邊緣，印出一些又長又細的直線吧！

或是把布緊緊的裹成一顆小球。

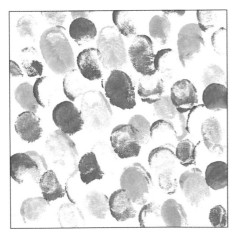

也可以用手指頭。

這些圖案是用尺的邊緣在紙上拖拉造成的喔！

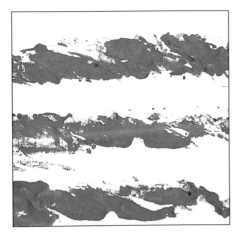

我們可以把紙捲起來。

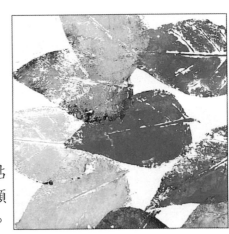

或是利用沾滿了廣告顏料的葉子。

如果我們在塗顏料以前，留白＊或遮蓋住一部分的圖畫，等顏料乾了以後，再把遮蓋物移開，也可以創造出許多的圖案喔！

這個圖案是利用條狀的遮蓋膠帶，把沒有被遮住的方塊著色做成的。

在這裡，從遮蓋膠帶上剪下來的葉子，被拿來當作遮蓋物使用。

使用塗了顏色的紙張。當我們把遮蓋物移開的時候，底下紙張的顏色便會顯露出來了。

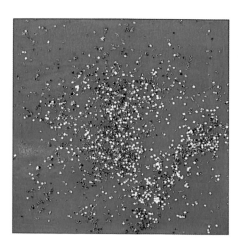

我們可以在廣告顏料上撒些小亮片喲！

也可以用牙籤或是筆尖，在塗好的一層廣告顏料上刮出圖形來。

發明新技巧的最好方法便是利用廣告顏料來表現出你自己的點子喔！在這裡有一些提示可以幫助你開始。

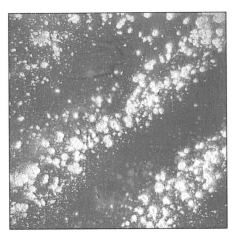

我們把滑石粉撒在還沒有乾的廣告顏料上。

趁第一個顏色還沒有乾的時候，再塗上第二個顏色。

也可以在木板上畫畫。

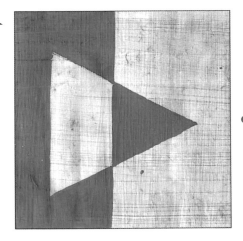

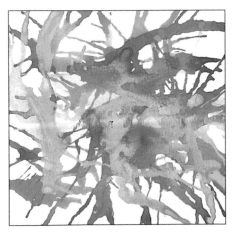

或是對著溼溼的顏料吹氣。

先塗上一層混合了壁紙黏膠的廣告顏料，再用梳子刮出圖案來。

從第 12 頁到第 31 頁，我們會一步步的來解說這些技巧。

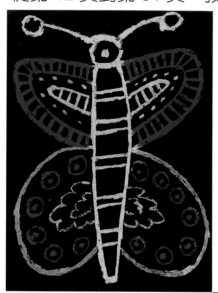

厚重的……
廣告顏料和洗衣粉

細部清楚的……
透明壓克力板上的
廣告顏料

纖細的……
用廣告顏料打點

新奇有趣的……
鋁箔紙上的廣告顏料

強而有力的……
刮掉的廣告顏料

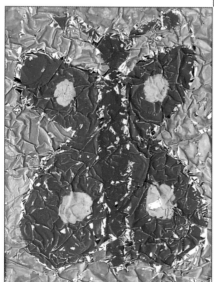

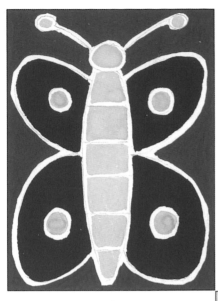

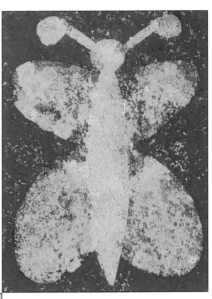

有點散開的⋯⋯
如何利用滾筒

乾淨清楚的⋯⋯
白紙上的廣告顏料

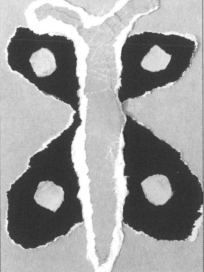

有斑點的⋯⋯
海綿

老舊過時的⋯⋯
阿拉伯樹膠 * 上的
廣告顏料

優雅的⋯⋯
混合各種技巧的拼貼畫 *

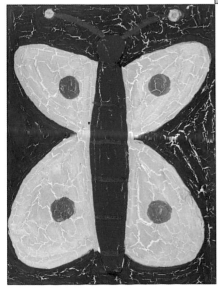

當然還有許多種
不一樣的方法喔！

現在，讓我們一
起把這些美麗的
蝴蝶創造出來吧！

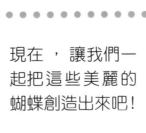

在我們開始畫畫以前，先用一塊布把透明壓克力板的兩面清潔乾淨。

1

把透明壓克力板的一面塗黑，等顏料乾了以後，再用牙籤或筆尖刮出圖案來。

2

然後把透明壓克力板翻面，用廣告顏料把刮出的圖案塗上顏色。

3

再把透明壓克力板翻回塗黑的那一面，這樣子你的圖案就完成了耶！

4
因為透明壓克力板的兩面都可以著色，所以塗上顏色的圖案不會和背景的黑色混在一起。

廣告顏料和洗衣粉

混合了洗衣粉的廣告顏料可以創造出特別的紋路喔！
在這個技巧中，我們也可以把洗衣粉換成沙子、灰泥或是膠水。

1

我們在廣告顏料中加入一些些洗衣粉，然後用刮刀把它塗抹在紙上。

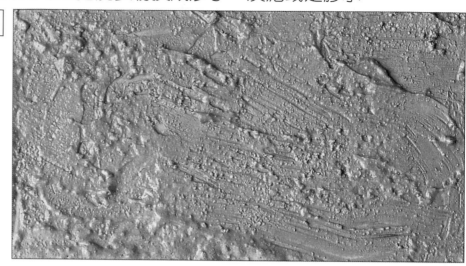

2

等顏料乾了以後，我們用綠色的顏料畫出葉子的形狀來。

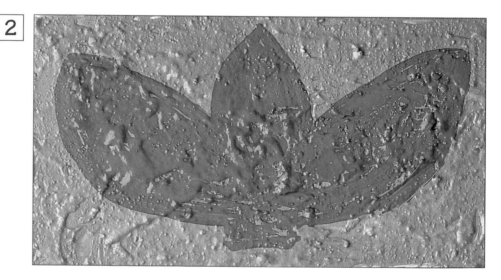

3

等第二層顏料乾了以後，我們再加上葉子的細部。

4
你可以用這個技巧，創造出一幅像這樣有紋路的畫喔！

在這個技巧中，你需要一枝非常細的畫筆和很多的耐心喲！
在這裡，我們要用小點來構成一幅畫。

1 我們用遮蓋膠帶隔出兩個三角形，著色以後當作背景。

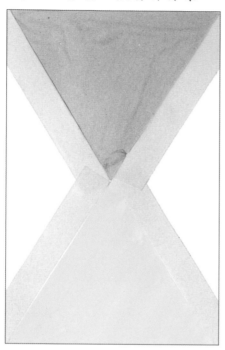

2 等顏料乾了以後，移開膠帶，把留白的三角形著色。

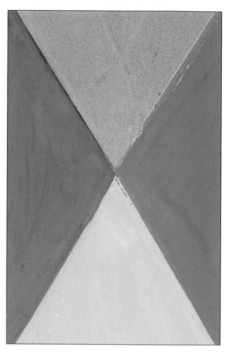

3 沿著三角形的邊緣來畫。

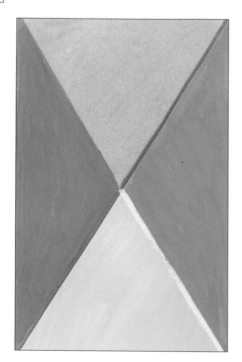

4 用小點把每個三角形填滿。

5

當我們從遠
處觀看這幅
畫的時候，
不同顏色的
點看起來好
像混在一起
了耶！

當我們在白紙上著色的時候，可以保留一部分不要著色，來創造出白色的輪廓。

1

我們先用鉛筆在白紙上畫出一個簡單的圖。

2

除了鉛筆的線條不要著色以外，我們可以用廣告顏料把其它部分著色。

3

等顏料乾了以後，擦去鉛筆的線條，底下紙張的白色便會顯露出來了。

利用滾筒，我們可以很快的把一張張的白紙變成有顏色的紙喔！我們用混色來產生更多的新顏色。

1

把滾筒沾滿廣告顏料，然後滾過白紙。我們可以做幾張不同顏色的紙，然後讓顏料乾。

2

當我們把紙撕開的時候，白紙便會沿著撕開的邊緣露出來。

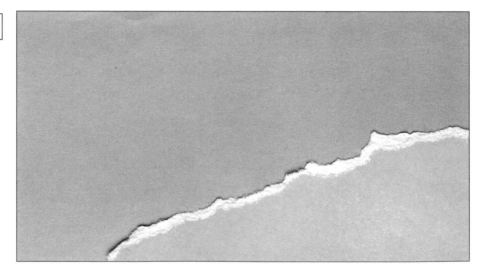

3

我們可以把紙撕成各種不同的形狀和大小。

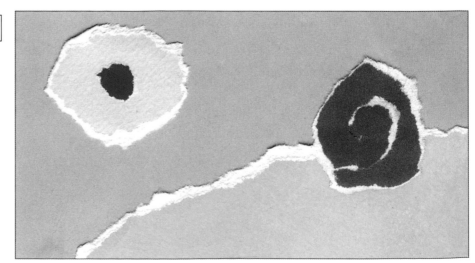

4

然後利用這些小紙片，來做成一幅可愛又有趣的拼貼畫。

利用海綿來著色，可以創造出一些很特別的紋路喔！

1 先畫出一個像下圖的底稿，把每個框框標明出來，然後一個個剪下來當作模型。

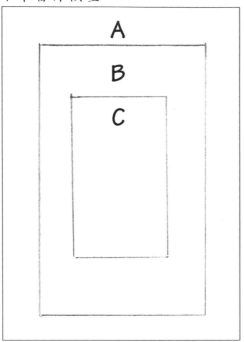

2 先用海綿在畫紙上塗一層藍色，等顏料乾。

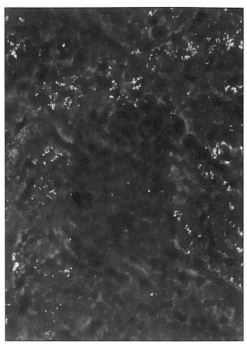

3 把框框 A 放在圖畫上，用海綿把圍起來的長方形塗成黃色。讓顏料乾。

4 再蓋上框框 B，用海綿擦一擦中間的長方形，讓底下的藍色隱隱約約顯露出來。

5

瞧！這張畫
是用各種不
同形狀的模
型做成的
耶！是不是
很簡單呢？

鋁箔紙是塗廣告顏料的好材料。

1

在開始畫畫
以前，我們
先把鋁箔紙
弄皺了再攤
平。

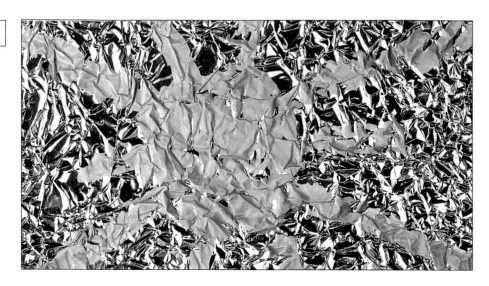

2

現在，我們
可以畫上背
景了。

3

在這裡，我
們要塗好幾
層的顏料。
記得喔！要
等前一層顏
料乾了以後，
再塗下一層。

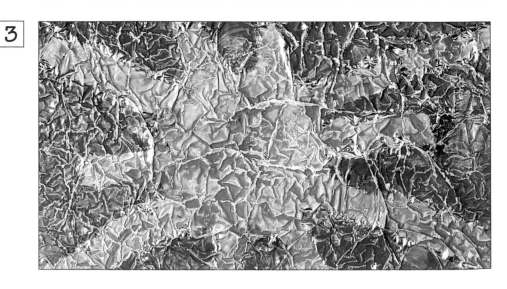

4 等整張畫都乾了以後，如果你不打算再修改了，
便可以拿白色蠟筆輕輕的擦過圖畫的表面。
這樣子，可以讓鋁箔紙的摺痕變得更加明顯喲！

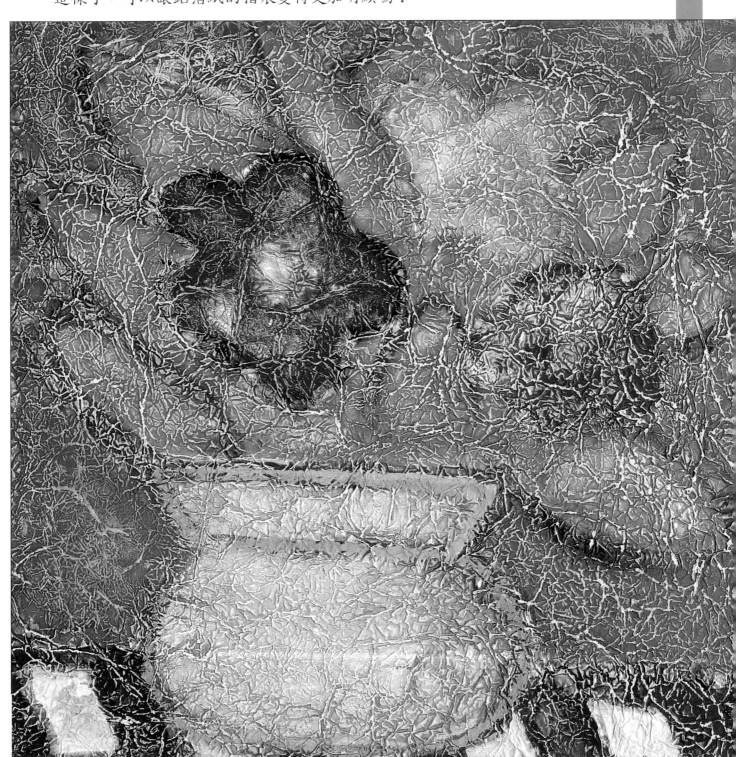

如果你畫錯了，可以把鋁箔紙放在水龍頭下沖洗；

等畫乾了以後，就可以再重新開始畫囉！

就像第 12 頁的示範，我們在透明壓克力板上使用廣告顏料，可以創造出兩種不同的效果喲！

1 把一面塗上黑色廣告顏料。乾了以後，再刮出圖案來。

2 或者刮去大部分的黑色，只留下一些線條。

3 然後把透明壓克力板翻面，用不同顏色的廣告顏料來著色。

4 再把透明壓克力板翻面，如果你不喜歡這些顏色，用溼布擦一下，便可以修改了。

5
畫好了以後，圖中的黑色線條看起來好像是印刷上去的耶！

阿拉伯樹膠來自洋槐樹。當我們用廣告顏料塗過阿拉伯樹膠的時候，會產生令人驚奇的紋路喔！

1

先用阿拉伯樹膠覆蓋住整張畫紙。等樹膠乾了以後，我們便可以用廣告顏料在上面畫畫了。

2

我們可以把背景著色，然後在這張畫上，加上細節的部分。

3

仔細觀察一下這張畫，注意看看顏料乾了以後，顏色裂開的情形。

4

這種畫畫的技巧，會使這張畫看起來非常老舊喔！

我們可以在一張畫裡使用許多種不同的技巧喲！

1

在這裡，我們用沾了深藍色和淺藍色的扁平畫筆，畫出了一個波浪。

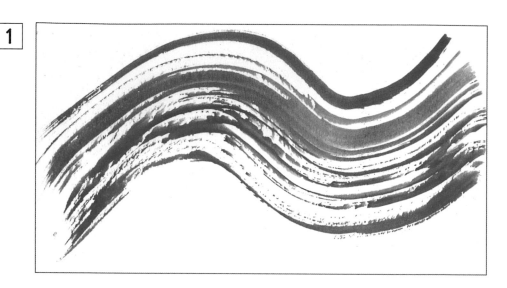

2

用各種不同的技巧做出幾個樣本來。我們可以用牙刷，把顏料噴灑在畫紙上。想想看，還有沒有別的技巧呢？

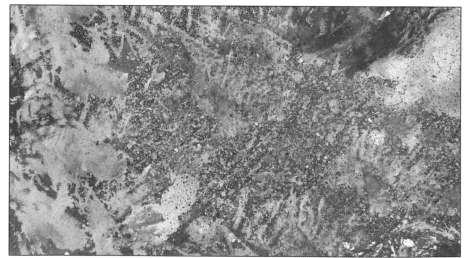

3

等顏料乾了以後，把畫紙剪成各種不同的形狀。在這裡，我們剪了許多大大小小的魚兒。

4

把各種的魚兒黏在藍色的背景上。瞧！一幅海底世界的畫便完成了耶！

詞彙說明

印刷　把圖案印在另外一個物體上面。

留白　表面保留不畫的部分。

技巧　製作一種東西的方法。

阿拉伯樹膠　一種透明的黏膠。

拼貼畫　把各種不同材質的原料組合、黏貼在一起做成的畫。